ullstein

Das Buch

Spätestens seit den Büchern von Allan & Barbara Pease wissen wir: Männer und Frauen ticken anders. Amüsant, lehrreich und mit vielen Aha-Effekten versammelt das erfolgreiche Autorenpaar im vorliegenden Band die Highlights aus seinem Bestseller *Warum Männer nicht zuhören und Frauen schlecht einparken* – und präsentiert die witzigsten Sprüche, Zitate und Weisheiten zum Abenteuer der Partnerschaft. Der bekannte Illustrator Kim Schmidt hat die Texte mit herrlich humorvollen Cartoons und Zeichnungen versehen.

Die Autoren

Allan & Barbara Pease gehören zu den erfolgreichsten Kommunikationstrainern der Welt. Ihre Bücher sind internationale Bestseller. Allein in Deutschland liegt die Gesamtauflage ihrer Bücher bei über fünf Millionen verkauften Exemplaren.

Von Allan & Barbara Pease sind in unserem Hause außerdem erschienen:

Warum Männer nicht zuhören und Frauen schlecht einparken
Der tote Fisch in der Hand
Die kalte Schulter und der warme Händedruck
Warum Männer lügen und Frauen immer Schuhe kaufen
Männer zappen und Frauen wollen immer reden
Eine dumme Frage ist besser als fast jede kluge Antwort
Warum Männer sich Socken wünschen und Frauen alles umtauschen

Allan & Barbara Pease

Wie man als Paar überlebt

Die ganze Wahrheit über
Männer und Frauen

Mit Illustrationen von
Kim Schmidt

Aus dem Englischen von
Anja Giese, Ursula Pesch,
Heike Schlatterer und Karin Schuler

Ullstein

Die Originalausgabe erschien 2004 unter dem Titel *Comment vivre à deux?* bei Editiones Générales First, Paris. Die Texte dieses Buches wurden erstmals unter dem Titel *Warum Männer nicht zuhören und Frauen schlecht einparken* (Ullstein, 2000) veröffentlicht.

Besuchen Sie uns im Internet:
www.ullstein-taschenbuch.de

Umwelthinweis:
Dieses Buch wurde auf chlor- und säurefreiem Papier gedruckt.

Deutsche Erstausgabe im Ullstein Taschenbuch
1. Auflage Januar 2009
© für die deutsche Ausgabe Ullstein Buchverlage GmbH,
Berlin 2009
© 2004 by Editions Générales First pour l'édition française
© 1998 by Allan and Barbara Pease
Published by arrangement with Allan Pease
Umschlaggestaltung: HildenDesign, München
Titelabbildung: © Kim Schmidt
Satz: KompetenzCenter, Mönchengladbach
Druck und Bindearbeiten: CPI – Ebner & Spiegel, Ulm
Printed in Germany
ISBN 978-3-548-37245-7

Was Frauen über Männer wissen sollten

Findet der Mann in Stresssituationen keine Ablenkung, zieht er sich auf seinen Felsen zurück und versucht, eine Lösung für sein Problem zu finden.

Die Midlifecrisis des Mannes ist ein vorhersagbares Ereignis, das nach einem starren Muster abläuft: Er kauft sich eine Fliegerbrille, Lederhandschuhe fürs Auto, lässt sich ein Haartransplantat einpflanzen, kauft sich ein Motorrad oder einen roten Sportwagen und trägt Klamotten, in denen er einfach nur lächerlich aussieht.

Männer vertragen keine Kritik – deswegen heiraten sie am liebsten Jungfrauen.

Wenn ein Mann unrecht hat, fühlt er sich wie ein Versager, weil er nicht in der Lage ist, seine Aufgabe zu erfüllen.

Wenn man einen Mann anspricht, der sich gerade rasiert, kann man davon ausgehen, dass er sich schneidet. Wenn er einen Nagel in die Wand schlägt und es an der Tür klingelt, trifft er seinen Daumen. Wenn man mit ihm redet, während er Auto fährt, verpasst er die Ausfahrt. Das alles sind ausgezeichnete Taktiken, um sich an einem Mann zu rächen.

Gestresste Männer trinken Alkohol und rücken in andere Länder ein. Gestresste Frauen essen Schokolade und rücken in Einkaufszentren ein.

Was Männer anmacht:
1. Pornographie
2. Weibliche Nacktheit
3. Abwechslung beim Sex
4. Reizwäsche
5. Verfügbarkeit der Frau

Der Mann besitzt ein Gehirn, das auf Reparatur angelegt ist. Wenn er einen Raum betritt, sieht er sich zuerst nach Dingen um, die einer Reparatur bedürfen.

So, IHR ABFLUSS IST WIEDER FREI!

Männer bezeichnen sich gegenseitig gerne als »alter Gauner«, »Holzkopf« und »Depp«. Das sind Bezeichnungen, mit denen jegliche Form der Intimität bereits im Keim erstickt wird.

Männliche Gehirne sind einspurig organisiert. Sie können sich nur auf jeweils eine Sache konzentrieren.

Wenn Männer gestresst sind, ziehen sie sich in Schweigen zurück. Frauen neigen dazu, dieses Schweigen als Zeichen von Ärger oder Lieblosigkeit zu interpretieren. Machen Sie sich als Frau aber einfach keine Sorgen und schenken Sie dem keine Beachtung.

Wenn Männer ihre Zähne putzen, zwingt ihr eingleisiges Gehirn sie dazu, sich ausschließlich auf diese eine Aufgabe zu konzentrieren. Sie stehen im Normalfall vor dem Waschbecken, Füße etwa dreißig Zentimeter auseinander, Körper über das Becken gebeugt, und ihr Kopf wippt im Rhythmus des Putzens auf und ab. Das Wippen passen sie dabei meistens auch noch an die Fließgeschwindigkeit des Wassers an.

Männer ziehen gutes Aussehen einem schlauen Köpfchen vor. Die meisten Männer können nämlich besser sehen als denken.

Männer bekommen Details häufig nicht mit. Computertomographien zeigen, dass im Gehirn eines Mannes, das sich im Ruhezustand befindet, die elektrischen Hirnströme um mindestens siebzig Prozent heruntergefahren werden.

Männer lieben praktische Geschenke. Schenken Sie ihm einen elektrischen Rasenmäher, einen Schraubenzieher oder sogar einen tragbaren Minifernseher. Streichen Sie Blumen und andere romantische Dinge.

Wenn man will, dass ein Mann einem zuhört, sollte man ihn frühzeitig davon in Kenntnis setzen und ihm die Punkte, die man mit ihm diskutieren möchte, vorab mitteilen.

Eine Frau kennt die Freunde, die Hoffnungen, Träume, Romanzen und heimlichen Ängste ihrer Kinder, sie weiß, was sie denken, wie sie sich fühlen und in der Regel auch, was sie gerade aushecken. Männer dagegen sind sich höchstens vage der Tatsache bewusst, dass auch ein paar Pimpfe im Haus leben.

25

Männer klettern auf ihren einsamen Felsen, um ihre Probleme zu lösen – Frauen, die ihnen dorthin folgen, werden unsanft wieder hinunterbefördert.

Lassen Sie den Mann im Restaurant mit dem Rücken zur Wand sitzen, so dass er den Eingang im Auge behalten kann. Nur so hat er das Gefühl, die Situation zu beherrschen.

Wenn ein Mann die Toilette aufsucht, dann tut er das gewöhnlich nur aus einem Grund. Wenn dagegen ein Mann ausrufen würde: »He, Frank, ich muss mal auf die Toilette, kommst du mit?«, würde er mit unverhohlenem Misstrauen gemustert werden.

Wenn Sie zusammen mit einem Mann einkaufen gehen möchten, gelten die gleichen Motivationsprinzipien wie für den Lebensmitteleinkauf: Nennen Sie ihm Größe, Farbe, Stoff, Preis und die veranschlagte Einkaufszeit und geben Sie ihm eine Liste der Geschäfte, die aufgesucht werden.

Die Aufmerksamkeit eines Mannes kann nur einer Sache gelten. Deshalb verlangt er, wenn das Telefon klingelt, in der Regel auch, dass alle schweigen, die Musik leise gestellt und der Fernseher ausgeschaltet wird, bevor er das Gespräch entgegennehmen kann.

Männer sehen den Sinn des Redens darin, ihrem Gesprächspartner Fakten und Informationen zu übermitteln.

Männer können Tonlagen nur schlecht unterscheiden. Das Ergebnis: Wenn es zu einem Streit kommt, verstehen sie nicht, warum eine Frau schreit: »Sprich nicht in diesem Ton mit mir!«

Männer beklagen sich immer, dass die Frauen ihnen ständig das Wort abschneiden. Gehirn-Scans zeigen, dass Frauen gleichzeitig sprechen und zuhören können. Männer sind dazu nicht fähig. Also lassen Sie sie ausreden.

Das einspurige männliche Gehirn veranlasst ihn dazu, das Radio auszuschalten, wenn er eine Straßenkarte liest oder einen Stau umfährt.

Der moderne Mann findet problemlos den Weg zu einer entlegenen Kneipe, selten aber Dinge in Schränken, Schubladen und Kühlschränken.

Drohungen der Art »Ich werde nie wieder ein Wort mit dir reden« gehören in die weibliche Kommunikation. Einem Mann bedeutet ein solcher Satz nichts.

Teilen Sie einem Mann immer mit, ob er Ihnen einfach nur zuhören und Sie trösten oder ob er Ihnen bei der Lösung eines Problems behilflich sein soll. Wenn Sie das nicht tun, wird er Ihnen systematisch Lösungen präsentieren.

Für einen Mann bedeuten Worte Macht. Darum versucht er während eines Streits ständig Ihre Wortwahl zu analysieren.

Die erste Regel im Gespräch mit einem Mann lautet: Halten Sie es möglichst einfach! Man sollte einem Mann gegenüber nie mehr als eine Sache gleichzeitig ansprechen.

Lassen Sie sich nie von einem Mann zum Autofahren überreden. Die Mehrheit der Frauen hat Probleme bei der Einschätzung des Abstandes zwischen Stoßstange und Garagenwand.

Wählen Sie Ihre Kleidung lieber selbst aus. Einer von acht Männern reagiert farbenblind auf blau, rot oder grün, und die wenigsten haben ein Gespür dafür, welche Muster und Schnitte sich gut kombinieren lassen. Einen männlichen Single kann man deswegen meistens schon an seiner Kleidung erkennen.

Sprechen und Männer – das passt nicht immer zusammen. Fragen Sie einen jungen Mann, wie sein Abend war, und Sie erhalten ein vages »Nicht schlecht« als Antwort. Stellen Sie die gleiche Frage einer jungen Frau, und Sie erhalten einen detaillierten Bericht, der einem Privatdetektiv alle Ehre machen würde: Wer hat wem was gesagt, wer hat was gedacht und gefühlt und natürlich, wer hat welche Klamotten getragen.

Männer witzeln, dass sie im ersten gemeinsamen Haus in der Nähe der Tür schlafen, um schnell abhauen zu können. In Wahrheit folgen sie ihrem angeborenen Verteidigungsinstinkt.

Frauen muss klar sein, das Männer, wenn sie einmal beim Zeitunglesen sind, nicht viel hören bzw. sich auch nicht an viel erinnern – folglich ist es schwierig, sich in dem Moment mit ihnen zu unterhalten.

Wenn ein Mann stöhnt: »Mach mir eine Hühnerbrühe/einen frisch gepressten Orangensaft/bring mir eine Wärmflasche/ruf den Doktor und sieh nach, ob alles mit meinem Testament in Ordnung ist!«, dann heißt das in der Regel nichts weiter, als dass er eine leichte Erkältung hat.

Wenn eine Frau laut denkt, dann möchte sie ihre Sorgen teilen. Der Mann hingegen fühlt sich unter Druck gesetzt: Er hat den Eindruck, dass sie dabei ist, ihm eine Liste mit Problemen zu präsentieren, für die er eine Lösung finden soll.

Wenn Sie als Frau vor einem gemischtgeschlechtlichen Publikum sprechen, sprechen Sie so, wie ein Mann es tun würde. Beide Geschlechter können Ihnen dann folgen. Die Männer bekommen ansonsten Probleme, einem weiblichen Vortrag zu folgen, und laufen Gefahr, völlig abzuschalten.

Männer verwenden eine direkte Sprache, die man durchaus wörtlich nehmen kann.

Wenn ein Mann spricht, zeigen Sie keinerlei emotionale Reaktion. Begnügen Sie sich damit, sitzen zu bleiben und ab und zu etwas nickend zu murmeln. In jedem Fall unterbrechen Sie nicht!

Männer haben ein engeres, tunnelartiges Blickfeld. Deshalb ist es immer so offensichtlich, wenn sie einer Frau hinterherschauen. Sie müssen ihren Kopf drehen.

Warum ist Moses vierzig Jahre lang durch die Wüste geirrt?
Er hat sich geweigert, nach dem Weg zu fragen.

Wenn eine Frau sich in eine Reihe von Überlegungen stürzt, denen eine Liste möglicher Lösungen folgt, ist der Mann völlig verloren. Halten Sie es einfach!

Das männliche Gehirn ist in der Lage, sich den Plan eines Hauses dreidimensional vorzustellen. Er weiß schon jetzt, wie das Haus aussehen wird, wenn es einmal gebaut ist.

Unter dem Einfluss von Alkohol funktioniert im männlichen Gehirn nichts mehr wie gewohnt. Ein betrunkener Mann ist auf einmal in der Lage, morgens um zwei zu telefonieren oder sich in endlosen Diskussionen zu verlieren.

Kleine Jungen lieben ihre Spielzeuge.
99 Prozent aller Spielzeugpatente
melden noch immer Männer an!

So wie die Männer nur eine Sache auf einmal machen können, hören sich die Frauen ständig sagen »Sieh mich an, wenn ich mit dir rede!«

Der männliche Geschlechtstrieb ist wie ein Gasherd. Er brennt sofort, läuft innerhalb von Sekunden auf Hochtouren und kann dann abgedreht werden.
Der weibliche Geschlechtstrieb ist wie ein Elektroherd. Er erwärmt sich nur langsam, wird dann heiß, und es dauert lange, bis er abkühlt.

Das Paradies für Männer? Drei Fernbedienungen und ein hochgeklappter Toilettensitz.

Frauen schweigen, um Männer zu bestrafen. Aber Männer lieben das Schweigen. Männer reden nacheinander. Wenn also ein Mann mit Reden »dran« ist, dann lassen Sie ihn auch reden.

Ein Mann gibt keine Fehler zu, weil er befürchtet, dass die Frau ihn dann nicht mehr liebt. In Wirklichkeit liebt eine Frau einen Mann nur umso mehr, wenn er zugibt, dass er Fehler macht.

Wenn ein Mann nachdenkt,
könnte man denken,
er langweilt sich. Aber kommen
Sie nicht auf die Idee, ihn anzusprechen
oder ihm etwas zu tun zu geben.

Die Fähigkeit, Straßenkarten zu lesen, und das Verständnis dafür, wo man sich nun gerade befindet, hängt von dem räumlichen Vorstellungsvermögen einer Person ab. Gehirn-Scans haben ergeben, dass diese Fähigkeit bei Männern besser ausgebildet ist als bei Frauen. Wenn er Ihnen also das nächste Mal die Karte in die Hand drückt, sagen Sie ihm lieber gleich, dass er sie selbst lesen soll!

Die meisten Männer wissen immer und überall, wo Norden ist, auch wenn sie keine Ahnung haben, wo sie sich befinden.

Eine Frau will viel Sex mit dem Mann, den sie liebt. Ein Mann will viel Sex.

Wo immer ein Beruf räumliches Vorstellungsvermögen und mathematisches Denken erfordert, sind weiterhin Männer am stärksten vertreten. Darum sind auch 91 Prozent der Ingenieure und 98 Prozent aller Cockpitcrews Männer.

Wenn ein Mann eine nackte Frau sieht, wirkt das auf ihn stimulierend und erregend. Wenn eine Frau einen nackten Mann erblickt, bricht sie normalerweise in Gelächter aus.

Der Blick des Mannes ist auf große Distanzen programmiert. Nicht verwunderlich also, dass er Schwierigkeiten hat, Schlüssel, Schuhe oder die Butter im Kühlschrank zu finden.

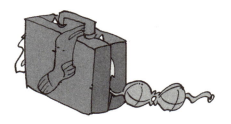

Studien zeigen, dass Menschen in glücklichen Partnerschaften weniger häufig krank sind als Singles.

Männer lieben aufwendige Spielereien. Vorausgesetzt, sie blinken, glitzern und klingeln! Tun Sie ihm den Gefallen und kaufen ihm solche Dinge!

 Setzen Sie sich für die Gleichberechtigung der Geschlechter ein! Kaufen Sie sich Ihre eigene Fernbedienung.

Es gibt stichhaltige Beweise dafür, dass Sex gut für die Gesundheit ist. Bei einem amourösen Zwischenspiel von durchschnittlich dreimal die Woche verbrennt man 35.000 Kilojoules pro Jahr, was in etwa einer Jogging-Strecke von 130 Kilometern entspricht.

Männer scheinen zu glauben, dass eine Frau mit tiefer Stimme intelligenter und glaubwürdiger ist. Üben Sie schon mal.

Wenn Sie ihm ein neues Kleid vorführen und fragen »Wie findest du es?«, glaubt der Mann, dass Sie ihm ein Problem gegeben haben, das er nun lösen muss.

Wenn ein Mann nicht spricht, dann heißt das nicht, dass er verstimmt oder sauer ist.

Nein, Männer sind nicht generell unsensibel! Ihr Gehirn ist einfach nicht dafür gemacht, Details wie Verhaltensänderungen oder das Aussehen derer, die sie umgeben, zu registrieren.

Erklären Sie Ihrem Partner, dass ein Traum für Sie in Erfüllung gehen würde, wenn er Ihnen zuhört – ohne dabei Lösungen zu präsentieren.

Um sich selbst Autorität zu verleihen, neigen Frauen dazu, die Stimme zu erheben. Männer empfinden das als einen Akt der Aggression.

Wenn Sie die Männer in Ihrem beruflichen Umfeld beeindrucken wollen, behalten Sie Ihre Gedanken für sich und gehen Sie direkt zur Schlussfolgerung über.

Was ist der Unterschied zwischen einem Mann in der Midlife-Crisis und einem Clown? Der Clown weiß, dass er komische Klamotten anhat…

Männer zeigen keine Emotionen, wenn sie zuhören. Und sie neigen dazu, mehr Verständnis für eine Frau zu haben, die ebenso wenig Gefühle zeigt.

Am Ende des Tages genießen es Männer, in Ruhe ein Gläschen zu trinken. Das ist es, wonach sie streben: Ruhe.

Die Ehe hat ihre guten Seiten. Sie erzieht zu Loyalität, Nachsicht, Toleranz, Selbstbeschränkung und anderen wertvollen Eigenschaften, die man nicht braucht, wenn man Single bleibt.

Die Achtung, die ein Mann für sich selbst empfindet, misst sich an Ihrer Wertschätzung seiner Person.

Um seine Liebe zu ihr zu beweisen, erklomm er die höchsten Berge, durchschwamm die tiefsten Meere und zog durch die weitesten Wüsten. Doch sie verließ ihn – weil er nie zu Hause war.

Geben Sie einem Mann nur Ratschläge, wenn er Sie ausdrücklich darum bittet! Machen Sie ihm klar, dass Sie Vertrauen in seine Fähigkeit haben, das Problem zu lösen.

Wie viele Männer benötigt man, um eine Rolle Klopapier auszuwechseln? Männer wechseln keine Klopapierrollen aus.

Wie man eine Frau immer und überall zufriedenstellt:
Man muss sie liebkosen, loben, verhätscheln, massieren, ihr Sachen reparieren, sich in sie hineinversetzen, ihr ein Ständchen bringen, ihr Komplimente machen, sie unterstützen, ernähren, beruhigen, reizen, ihr ihren Willen lassen, sie beschwichtigen, anregen, streicheln, trösten, in den Arm nehmen, überflüssige Pfunde ignorieren, mit ihr kuscheln, sie erregen, ihr beruhigende Worte zuflüstern, sie beschützen, sie anrufen, ihr jeden Wunsch von den Augen ablesen, mit ihr rumknutschen, sich an sie schmiegen, ihr verzeihen, ihr nette

Kleinigkeiten mitbringen, sie unterhalten, bezaubern, ihr die Einkaufstasche tragen, gefällig sein, sie faszinieren, sich um sie kümmern, ihr vertrauen, sie verteidigen, sie einkleiden, mit ihr angeben, sie heiligen, anerkennen, verwöhnen, umarmen, für sie sterben, von ihr träumen, sie necken, ihr Befriedigung verschaffen, sie drücken, mit ihr nachsichtig sein, sie zum Idol erheben, den Boden unter ihren Füßen verehren.

Wie man einen Mann immer und überall zufriedenstellt:
Erscheinen Sie nackt.

Wenn Sie als Frau in einer männlichen Hierarchie arbeiten, haben Sie zwei Möglichkeiten: Entweder Sie gehen, oder Sie passen Ihr Wesen dem der Männer an.

Wenn ein Mann allein im Auto unterwegs ist, würde er wahrscheinlich anhalten und nach dem Weg fragen. Doch wenn eine Frau neben ihm sitzt, hieße das für ihn, ein Versager zu sein, weil er nicht in der Lage ist, sie ohne Hilfe an den gewünschten Ort zu bringen.

Erklären Sie ihm, dass Brüste ebenso empfindlich sind wie Hoden.

Männer geben ihrem Penis einen Namen, weil sie nicht wollen, dass ein völlig Fremder 99 Prozent ihrer Entscheidungen für sie trifft.

Für Männer ist Liebe Liebe und Sex Sex.

Männer täuschen keinen Orgasmus vor: Ein Mann würde sich solch einen Aufwand niemals freiwillig antun.

Neun von zehn Beziehungen beginnen auf Initiative des Mannes. Acht von zehn Beziehungen enden auf Initiative der Frau.

Das Gehirn des Mannes kann Liebe und Sex trennen. Wenn ein verheirateter Mann eine Affäre hat und versichert, dass die andere Frau ihm nichts bedeutet, sagt er vermutlich die Wahrheit.

Wenn es um Sex geht, brauchen Frauen einen Grund. Männer brauchen einen geeigneten Ort.

Studien zeigen, dass der Mann während des Liebesspiels so konzentriert auf das ist, was er gerade macht, dass er praktisch taub wird.

Wünscht eine Frau eine intelligente Entscheidung von einem Mann, sollte sie damit besser bis nach dem Sex warten. Dann ist sein Gehirn nämlich wieder klar.

Wenn ein Mann sagt, er möchte Liebe machen, dann meint er wahrscheinlich Sex.

Adam kam zuerst – aber bei welchem Mann ist das anders?

Männer sind verärgert, wenn man sie unterbricht, weil sie nicht in der Lage sind, sich auf mehr als eine Sache zu konzentrieren.

„Eines Morgens bin ich um sechs Uhr davon aufgewacht, dass meine Frau mir einen Besenstiel gegen den Rücken gestoßen hat", erzählte uns ein Mann nach einem Vortrag, den wir gehalten hatten. »Als ich sie fragte, was sie da tat, antwortete sie: ›Damit du auch mal weißt, wie sich das anfühlt!‹«

Ein Mann muss in der Lage sein, in der kürzesten Zeit so viele Orgasmen wie möglich zu haben, um nicht Gefahr zu laufen, beim Sex von Raubtieren angefallen oder von Feinden gefangen zu werden.

Frauen bevorzugen Männer mit tiefen Stimmen, weil diese auf einen besonders hohen Testosteronspiegel hinweisen, der wiederum Fruchtbarkeit suggeriert.

117

Viele Männer halten Monogamie für eine exotische Holzart.

Es gibt nur wenige Probleme, die sich für einen Mann nicht durch guten Sex lösen lassen.

Was Männer über Frauen
wissen sollten

Beim Autofahren benutzen Frauen nicht den Rückspiegel. Ihr Gehirn greift lieber auf die direkte Sicht zurück.

Wenn Sie es mit einer aufgeregten Frau zu tun haben, bieten Sie ihr keine Lösungsvorschläge an und stellen Sie die Richtigkeit ihrer Gefühle nicht in Frage – zeigen Sie ihr nur, dass Sie zuhören.

Hören Sie zu, wenn Ihnen Ihre Frau einen Ratschlag erteilt.
Frauen empfinden Ratschläge als wichtigen Teil einer vertrauensvollen Beziehung.
Für sie bedeutet es keine Schwäche, wenn Sie diesen Rat auch annehmen.

Wenn ein Mann einer Frau eine Lüge auftischen will, täte er besser daran, das per Telefon, in einem Brief oder bei absoluter Dunkelheit und mit einer Decke über dem Kopf zu tun.

Sprechen Sie mit ihr über Probleme. Für eine Frau ist das Teilen von Problemen ein Beweis für Vertrauen und Freundschaft.

Frauen mögen es, betrachtet zu werden. Ein Mann, der den ganzen Abend nur ins Kaminfeuer starrt, erweckt bei ihr schnell den Eindruck, dass er sie nicht mehr liebt.

Frauen verlassen einen Mann nicht, weil sie unglücklich mit dem sind, was er ihnen zu bieten hat, sondern weil sie emotional nicht ausgefüllt sind.

Frauen lieben Berührungen. Ihre Haut ist sensibler als die des Mannes. Also zögern Sie nicht, Ihre Frau zu berühren.

In einer kürzlich erschienenen Studie, die in fünf westlichen Ländern durchgeführt wurde, wurden Frauen und Männer gebeten, die Art Person zu beschreiben, die sie am liebsten sein würden. Männer verwendeten überwiegend Adjektive wie draufgängerisch, konkurrenzfähig, leistungsfähig, dominierend, entschlossen und praktisch veranlagt. Aus der gleichen Liste wählten die Frauen Adjektive wie warmherzig, liebevoll, großzügig, mitfühlend, attraktiv, freundlich und wohltätig.

In Stresssituationen reden Frauen ohne nachzudenken. Männer hingegegen handeln sogar ohne nachzudenken.

Frauen freuen sich, wenn sie kleine Aufmerksamkeiten bekommen. Kaufen Sie eine schöne Karte und bitten Sie eine andere Frau, Ihnen beizubringen, wie man einen romantischen Text darauf schreibt.

Verhalten Sie sich wie ein Freund.
Wenn eine Frau sich über etwas aufgeregt hat, wird sie sich ihren Frust bei ihren Freundinnen von der Seele reden. Wenn ein Mann sich dagegen über etwas aufgeregt hat, wird er einen Motor auseinandernehmen oder einen tropfenden Wasserhahn reparieren.

Wenn eine Frau unter Druck steht oder gestresst ist, empfindet sie es als Wohltat, einfach nur mit ihrem Mann darüber zu reden. Ein Mann dagegen empfindet das Reden als Störung bei seiner Suche nach Lösungen und bevorzugt es, weiterhin ruhig am Feuer zu sitzen.

Das weibliche Gehirn hat einen um zehn Prozent dickeren Nervenfaserstrang zwischen der rechten und der linken Gehirnhälfte und dreißig Prozent mehr Verbindungen zwischen ihnen. Deshalb können Frauen laufen, reden und sich die Lippen schminken – alles gleichzeitig.

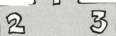

137

Welche Schluss legt jeder gut gekleidete Mann nahe?
Seine Frau sucht für ihn die Garderobe aus.

Schenken Sie kleinen Mädchen Plüschtiere und kleinen Jungs Spielzeugautos. Das Gehirn eines Mädchens reagiert auf Personen und Gesichter und das des Jungen auf Gegenstände und Formen.

139

Der einzige Unterschied zwischen Jungen und Männern ist der Preis ihrer Spielzeuge.

Das weibliche Gehirn ist multitaskingfähig. Eine Frau kann unterschiedliche Sachen gleichzeitig tun. Ihr Gehirn ist nie im Leerlauf, sondern immer aktiv. Sie kann telefonieren, während sie kocht, und nebenbei noch fernsehen. Sie kann auch Auto fahren, das Make-up auflegen und Radio hören, während sie über die Freisprechanlage telefoniert. Ein Mann kann immer nur eine Sache erledigen.

Mädchen werden schneller erwachsen als Jungs. Mit siebzehn verhalten sich die meisten Mädchen wie Erwachsene, während die Jungen weiterhin die Hosen herunterlassen, Beinchen stellen und Pupswettkämpfe veranstalten.

Frauen sind praktisch nie unaufmerksam. Gehirn-Scans zeigten selbst im Ruhezustand neunzig Prozent Aktivität.

In einem Raum mit fünfzig Personen braucht eine Frau im Durchschnitt weniger als zehn Minuten, bis sie die Beziehungen zwischen den einzelnen Paaren im Raum analysiert hat. Sie hat bereits alle Gesichter eingeordnet und weiß, was was und wer wer ist – und wie sich alle fühlen.

Wenn ein Mann die Toilette aufsucht, dann tut er das gewöhnlich nur aus einem Grund. Für Frauen dagegen ist die Toilette Gesellschaftsraum und Therapiezentrum in einem. Frauen, die sich zum ersten Mal vor dem Spiegel des Waschraums begegnen, können als ein Herz und eine Seele zur Tür herauskommen und lebenslang Freundinnen bleiben.

Wenn eine Frau zu einem Mann sagt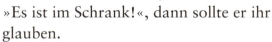
»Es ist im Schrank!«, dann sollte er ihr glauben.

Frauen haben ein größeres peripheres Sehvermögen als Männer. Dieses ermöglicht ihnen ein Blickfeld von mindestens 45 Grad zu jeder Seite. Man kann sie deshalb nur schwer dabei erwischen, wie sie einen anderen Mann ansehen.

Frauen werten das Eingeständnis eines Fehlers als ein Zeichen von Vertrauen. Allerdings ist unbekannt, wer der letzte Mann war, der zugab, einen Fehler begangen zu haben.

Geben Sie einer Frau nicht die Schuld dafür, dass sie Ihnen sagt, Sie sollen rechts abbiegen, wenn sie eigentlich links meint. Die Mehrheit der Frauen hat Probleme damit, rechts von links zu unterscheiden. Frauen benötigen sowohl die linke als auch die rechte Gehirnhälfte, um sich im Raum zu orientieren.

Wenn ein Mann Verletzungen an der linken Gehirnhälfte erleidet, ist die Wahrscheinlichkeit sehr hoch, dass er stumm wird. Wenn eine Frau an der gleichen Stelle verletzt ist, wird sie höchstwahrscheinlich weiterplappern wie zuvor, weil sie zum Sprechen beide Gehirnhälften nutzt.

Einen Klempner zu rufen, ohne vorher den Ehemann zu fragen, kann eine Ehekrise provozieren.

153

Auf langen Autoreisen sollte nachts der Mann fahren und tagsüber die Frau. Männer können ihre Augen auch nachts auf größere Distanzen einstellen und sind in der Lage zu sagen, aus welcher Richtung Gefahr droht.

 Frauen verarbeiten mathematische Probleme hauptsächlich in der linken Gehirnhälfte, was sie nicht nur langsamer beim Rechnen macht, sondern auch erklärt, warum so viele Frauen und Mädchen vor sich hin murmeln, wenn sie über einer mathematischen Funktion brüten.

Die meisten Frauen können ihre Zähne putzen, während sie in der Gegend herumlaufen und über die unterschiedlichsten Themen reden. Sie können gleichzeitig mit der Zahnbürste Auf-und-ab-Bewegungen ausführen und mit der anderen Hand in kreisförmigen Bewegungen einen Tisch abwischen. Die meisten Männer finden das schwierig bis unmöglich.

Frauen reden, um mit ihrer Umwelt in Kontakt zu treten und um Freundschaften zu schließen – nicht um nach Lösungen zu suchen.

Für einen Mann ist es normal, wenig zu sprechen. Wenn eine Gruppe Frauen hingegen stumm bleibt, ist das kein gutes Zeichen.

Wenn eine Frau am Ende eines Tages redet, sucht sie keine Lösungen und will auch keine Schlüsse ziehen. Sie will sich einfach nur ihre Probleme von der Seele reden.

Um ihr Verhältnis zu den Frauen zu verbessern, fangen Sie besser an zu sprechen. Wenn ein Mann mit einer Frau oder einer Gruppe Frauen zusammen ist, denken die Frauen ansonsten, dass er sich absondert, schmollt oder einfach keine Lust hat, an ihren Gesprächen teilzunehmen.

Ein Mann, der seine Gefühle an die Oberfläche kommen lässt, schaltet in den »Reptilmodus« und wirft mit bissigen Worten um sich.

Ein Mann erzählte uns einmal, dass er sein Hochzeitsvideo lieber rückwärts abspielt: »Ich sehe mich gerne als freien Mann aus der Kirche treten.«

Es ist vier- bis sechsmal wahrscheinlicher, dass eine Frau während einer normalen Unterhaltung eine Frau berührt, als dass ein Mann einen Mann berührt.

Ihre Frau schneidet Ihnen ständig das Wort ab? Dieses Problem haben nicht nur Sie! Frauen sind ganz einfach in der Lage gleichzeitig zuzuhören und zu sprechen. Im Gehirn sind ihr Sprach- und ihr Hörzentrum zur gleichen Zeit aktiv.

Böse Worte: »Einmal habe ich sechs Monate lang nicht mit meiner Frau gesprochen. Ich wollte sie nicht unterbrechen.«

Wenn eine Frau sich viel mit Ihnen unterhält, mag sie Sie. Wenn sie kein Wort mit Ihnen wechselt, haben Sie ein Problem.

Frauen sind gut darin, jemanden mit Schweigen zu strafen. Die Drohung einer Frau: »Ich werde nie wieder ein Wort mit dir reden!«, sollte man als Mann unbedingt ernst nehmen.

Die Ausdrucksweise einer Frau ist indirekt, das heißt, sie deutet das, was sie will, nur an oder redet eben »um den heißen Brei herum«. Diese indirekte Ausdrucksweise ist eine weibliche Spezialität und dient einem ganz bestimmten Zweck: Sie hilft, Beziehungen zu festigen, indem Aggressionen, Konfrontationen und Unstimmigkeiten vermieden werden.

Wenn eine Frau ein Problem zu haben scheint, ist die beste Methode für einen Mann, sie zu fragen: »Willst du, dass ich dir wie ein Mann zuhöre oder wie eine Frau?« Wenn sie will, dass er ihr wie eine Frau zuhört, muss er einfach zuhören und ihr Mut zusprechen. Wenn sie will, dass er ihr wie ein Mann zuhört, darf er Lösungsvorschläge unterbreiten.

Um erfolgreich argumentieren zu können, muss ein Mann sich darüber im Klaren sein, dass eine Frau Worte verwendet, die sie eigentlich gar nicht so meint, folglich sollte er sie auch nicht wörtlich nehmen oder definieren wollen.

Wenn eine Frau laut nachdenkt, möchte sie ihre Sorgen teilen. Der Mann jedoch denkt, dass er nun gefordert ist, Lösungen zu präsentieren. Hören Sie ihr einfach nur zu!

Beim Sprechen verfügen Männer nur über drei Tonlagen, Frauen über fünf. Männer sind deshalb nicht immer in der Lage, Frauengesprächen zu folgen. Auch ist das der Grund dafür, dass Frauen im Streit häufig zu Männern sagen: »Sprich nicht in diesem Ton mit mir!«

Männer kaufen häufig Grußkarten, auf denen viel vorgedruckt steht. Dann müssen sie selbst nur noch wenig hinzufügen.

Frauen möchten sich sicher fühlen. Nehmen Sie als Mann also ihren von der Evolution bestimmten Platz ein: ganz nah an der Tür. So bewachen Sie symbolisch den Höhleneingang.

Um sich auszudrücken, benutzt ein Mann täglich etwa 7.000 »Kommunikationsträger«. Dazu zählen Worte, Tongeräusche und Gesten. Frauen hingegen nutzen pro Tag um die 20.000 …

Frauen reden völlig ohne Struktur: Sie schneiden meist mehrere Themen gleichzeitig an, die absolut nichts miteinander zu tun haben. Ihre Reden sind vergleichbar mit einem Schaufensterbummel.

Männer verirren sich nicht. Sie entdecken immer neue Ziele.

Wollen Sie ein glückliches Leben führen? Dann bestehen Sie niemals darauf, dass eine Frau eine Karte oder einen Stadtplan für Sie liest. Das Lesen einer Straßenkarte erfordert räumliche Vorstellungskraft. In Studien wurde bewiesen, dass Männer über eine solche verfügen, Frauen hingegen nur sehr eingeschränkt. Diese Fähigkeit ist ein Relikt aus ihrer Zeit als Jäger.

Wenn ein Mann Auto fährt, testet er dabei sein räumliches Vorstellungsvermögen. Für eine Frau liegt der Sinn des Autofahrens darin, sicher von Punkt A nach Punkt B zu kommen.

Wenn Frauen im Gemeinderat das Sagen hätten, wären das Rückwärtseinparken und das Parken am Randstein längst verboten!

Einer Frau sollte man nie Richtungsangaben wie »Fahren Sie Richtung Süden« geben. Stattdessen sollte man sich lieber auf bekannte Orientierungspunkte beziehen: »Fahren Sie am McDonald's vorbei und halten Sie sich dann Richtung Kreissparkasse.«

In jedem mehrstöckigen Parkhaus eines Einkaufszentrums kann man Frauen mit vollen Einkaufstüten und panischem Gesichtsausdruck herumirren sehen, weil sie verzweifelt ihr Auto suchen.

Ein Mann, der seiner Frau das Autofahren beibringen will, befindet sich auf dem besten Weg zum Scheidungsrichter.

Frauen haben keine guten räumlich-visuellen Fähigkeiten, weil sie von jeher kaum etwas anderes jagen mussten als Männer.

Wenn Sie einer Frau zuhören, vergessen Sie nicht, Ihre Mimik zu beobachten. In aller Regel kann eine Frau innerhalb von zehn Sekunden durchschnittlich sechs verschiedene Gesichtsausdrücke annehmen, mit denen sie auf die Gefühle des Sprechers reagiert. Auf ihrem Gesicht spiegeln sich die Gefühle wider, die gerade ausgedrückt werden.

Eine Frau am Steuer läuft weniger Gefahr, rechts und links anzustoßen. Aufgrund ihres breiten Sichtfeldes kann sie den Seitenverkehr ständig sehen. Dafür läuft sie Gefahr, beim Einparken vorne und hinten anzuecken.

Um beim Fahren jegliche Diskussionen zu vermeiden, bitten Sie Ihre Frau nie, Ihnen den Weg anzusagen. Frauen neigen dazu, die Straßenkarte so lange hin- und herzudrehen, bis sie selbst nicht mehr wissen, wo es lang geht.

Wenn Ihre Frau Ihnen ihr neues Kleid zeigt und Sie fragt, wie es Ihnen gefällt, sagen Sie nicht einfach nur »gut«. Reagieren Sie so, wie es eine andere Frau tun würde: Loben Sie es ausführlich, gehen Sie auf Details ein – Ihre Frau wird es Ihnen danken.

Was man gemeinhin als »weibliche Intuition« bezeichnet, ist nichts anderes als die hochentwickelte Fähigkeit, winzige Details und Veränderungen im Äußeren oder im Verhalten anderer wahrzunehmen.

Teilen Sie Ihre Fernbedienung mit der Frau Ihres Lebens.

Viele Männer scheinen zu glauben, dass es eine noblere Tätigkeit sein, Geld für Ernährung, Bekleidung und Ausbildung seiner Kinder zu verdienen, als aktiv an der Erziehung beteiligt zu sein.

Für eine Frau ist das Ausgehen in ein Restaurant eine Art, Beziehungen zu festigen, Probleme zu diskutieren oder einer Freundin Mut zuzusprechen.
Für Männer ist in einem Restaurant zu essen eine praktische Art, mit Essen umzugehen – kein Kochen, kein Einkaufen oder Abspülen.

Wenn eine Frau Probleme mit ihren zwischenmenschlichen Beziehungen hat, kann sie sich nicht auf ihre Arbeit konzentrieren.
Wenn ein Mann an seinem Arbeitsplatz unzufrieden ist, kann er sich nicht auf seine zwischenmenschlichen Beziehungen konzentrieren.

Männer streben nach Macht, Erfolg und Sex. Frauen nach Beziehungen, Stabilität und Liebe.

Die beste Art einer Frau zu zeigen, dass man ihr zuhört, ist ein bewegtes Gesten- und Mienenspiel.

200

Wenn eine Frau eine Affäre hat und versichert, dass dabei keine Gefühle im Spiel sind, lügt sie wahrscheinlich. Für eine Frau sind Liebe und Sex eng miteinander verbunden. Deshalb verlassen Frauen in der Regel ihre untreuen Ehemänner.

201

Männer sehen den Sinn des Redens darin, ihrem Gesprächspartner Fakten und Informationen zu übermitteln. Für Männer ist das Telefon ein Apparat, mit dessen Hilfe sie anderen Leuten Fakten und Informationen zukommen lassen; eine Frau sieht im Telefon ein Mittel, um Beziehungen zu pflegen.

Wie man eine Frau immer und überall zufriedenstellt:
Man muss sie liebkosen, loben, verhätscheln, massieren, ihr Sachen reparieren, sich in sie hineinversetzen, ihr ein Ständchen bringen, ihr Komplimente machen, sie unterstützen, ernähren, beruhigen, reizen, ihr ihren Willen lassen, sie beschwichtigen, anregen, streicheln, trösten, in den Arm nehmen, überflüssige Pfunde ignorieren, mit ihr kuscheln, sie erregen, ihr beruhigende Worte zuflüstern, sie beschützen, sie anrufen, ihr jeden Wunsch von den Augen ablesen, mit ihr rumknutschen, sich an sie schmiegen,

ihr verzeihen, ihr nette Kleinigkeiten mitbringen, sie unterhalten, bezaubern, ihr die Einkaufstasche tragen, gefällig sein, sie faszinieren, sich um sie kümmern, ihr vertrauen, sie verteidigen, sie einkleiden, mit ihr angeben, sie heiligen, anerkennen, verwöhnen, umarmen, für sie sterben, von ihr träumen, sie necken, ihr Befriedigung verschaffen, sie drücken, mit ihr nachsichtig sein, sie zum Idol erheben, den Boden unter ihren Füßen verehren.

Wie man einen Mann immer und überall zufriedenstellt:
Erscheinen Sie nackt.

Frauen mögen es nicht, wenn Männer von »Sex« sprechen. Sie bevorzugen den Ausdruck »Liebe machen«.

Frauen brauchen mindestens dreißig Minuten Vorspiel.
Männer ungefähr dreißig Sekunden – wobei die meisten bereits die Fahrt zur Wohnung als Vorspiel betrachten.

Was unterscheidet einen Terroristen von einer Frau, die an PMS leidet?
Bei einem Terroristen sind Verhandlungen möglich.

Was Frauen anmacht:
1. Romantik
2. Treue
3. Partnerschaft
4. Intimität
5. Zärtlichkeiten ohne sexuellen Hintergrund

Frauen sind grundsätzlich monogam. Sie empfinden Affären ihrer Partner als Hochverrat und hinreichenden Trennungsgrund.

Dass Partnerschaften funktionieren, ist größtenteils das Verdienst der Frauen. Sie haben die nötigen Fähigkeiten, um Beziehungen und Familien zusammenzuhalten.

Derjenige, der glaubt, dass die Liebe bei einem Mann durch den Magen geht, sollte sich lieber etwas weiter unten am Körper umsehen …

Der Sex ist der Preis, den Frauen für die Ehe zahlen. Die Ehe ist der Preis, den Männer für den Sex zahlen.

Verwöhnen Sie Ihre Frau. Das regt auch *ihre* Urinstinkte an.

Männer stellen sich vor, wie Sex mit Frauen wäre. Frauen stellen sich das auch vor – denn dann hätten sie jemanden, mit dem sie reden könnten, wenn der Mann eingeschlafen ist.

Einige Männer sind der Meinung, dass das Elternwerden mit der Zeugung endet.

Frauen beginnen – anders als Männer – eine Beziehung aus Liebe. Sex ist nur ein Teil dieser Liebe.

Wenn ein Mann während des Geschlechtsverkehrs reden wollte, müsste er auf seine linke Gehirnhälfte umschalten.
Bei einer Frau können Sex und Reden gleichzeitig ablaufen.

Der weibliche Geschlechtstrieb ist wie ein Elektroherd: Er erwärmt sich nur langsam, bis er dann schließlich richtig heiß ist, und es dauert lange, bis er wieder abkühlt.

Frauen achten in Gesprächen besonders auf die Betonung und Körpersprache ihres Gegenübers.

Es gibt kein Aphrodisiakum auf der Welt, dessen Wirkung wissenschaftlich bestätigt wurde.

Haben Sie mehr Mitleid mit Frauen, die an PMS leiden: Sie laufen vier- bis fünfmal häufiger Gefahr, einen Herz-Kreislaufzusammenbruch zu erleiden. Und eine Untersuchung ergab, dass Mädchen mit PMS bei Mathematikprüfungen 14 Prozent schlechter abschnitten als Mädchen, die nicht am PMS litten.

Was ist der Unterschied zwischen erotisch und pervers? Erotisch ist, wenn man zum liebevollen Streicheln eine Feder benutzt. Pervers ist, wenn man das ganze Huhn benutzt.

Wenn ein Mann eine Frau streichelt, dann begrabscht er meistens ihre Brüste oder ihren Po. Da darf man sich nicht wundern, wenn Frauen auf »Streicheln« keine Lust mehr haben.

Sagen Sie ihr, wie sehr Sie sie lieben und schätzen. Denn um einer Frau Lust auf mehr zu machen, muss sie sich erst geliebt fühlen.

Forschungsergebnisse haben gezeigt, dass die Orgasmusrate einer Frau im ehelichen Bett vier- bis fünfmal und in einer monogamen Beziehung immerhin noch zwei- bis dreimal höher als bei anderen Frauen ausfällt.

Die Frauenbewegung hat bewirkt, dass Frauen lockerer im Umgang mit ihrer Sexualität geworde sind. Ihr grundlegendes Verlangen nach Sex ist dadurch allerdings nicht stärker geworden.

Wenn sich eine Frau für eines von zwei Paar Schuhen entscheiden soll und fragt: »Blau oder golden?«, ist es wichtig, dass man als Mann keine Antwort gibt. Stattdessen sollte man es lieber mit einer Gegenfrage probieren: »Weißt du schon, welche du tragen willst, Liebling?«

Lernen Sie zu tanzen, denn Frauen lieben tanzende Männer. Tanzen erlaubt engen Körperkontakt, aus dem auch mehr werden kann.

Männer wollen auf die
perfekte Partnerin warten.
Doch in der Regel ist das Einzige,
was passiert, dass sie immer älter werden.

Schenken Sie ihr nur romantische Dinge, wie Blumen oder Gedichte. Vermeiden Sie Wagenheber oder Toaster.

Die meisten Frauen haben beim Geschlechtsverkehr das Licht lieber aus – sie können den Anblick eines Mannes nicht ertragen, der sich wohl fühlt.

Machen Sie ein Lagerfeuer. Männer tun das seit Tausenden von Jahren, und Frauen finden es romantisch.

Schenken Sie ihr Blumen. Wenn die verblüht sind, müssen Sie einfach wieder neue kaufen.

Warum hat man Frauen, die an PMS leiden, in den Golfkrieg geschickt? Sie kämpfen wie Löwinnen und brauchen fast vier Tage lang kein Wasser.